漫画育儿：
当了父母后，重新学说话

杜赢 编著

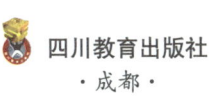

四川教育出版社

·成都·

图书在版编目（CIP）数据

漫画育儿：当了父母后，重新学说话 / 杜赢编著 . —成都：四川教育出版社，2023.1（2023.5重印）
ISBN 978-7-5408-8459-8

Ⅰ.①漫… Ⅱ.①杜… Ⅲ.①儿童教育—家庭教育 Ⅳ.① G782

中国国家版本馆 CIP 数据核字（2023）第 013145 号

MANHUA YUER：DANGLE FUMU HOU，CHONGXIN XUE SHUOHUA
漫画育儿：当了父母后，重新学说话
杜赢　编著

出 品 人	雷　华
责任编辑	王　嘉
责任校对	周代林
责任印制	田东洋
封面设计	松　雪
出版发行	四川教育出版社
地　　址	成都市锦江区三色路 266 号新华之星 A 座
邮政编码	610023
网　　址	http://www.chuanjiaoshe.com
印　　刷	唐山玺鸣印务有限公司
版　　次	2023 年 1 月第 1 版
印　　次	2023 年 5 月第 2 次印刷
开　　本	880mm×1230mm　1/32
印　　张	6
书　　号	ISBN 978-7-5408-8459-8
定　　价	36.00 元

如发现印装质量问题，影响阅读，请与本社联系。
总编室电话：（028）86365120　编辑部电话：（028）86365129

目录
CONTENTS

第一章 父母的话语里，藏着孩子的未来

父母说出的每一句话，都是教养 …………… 002

父母这样说，孩子才有好性格 …………… 008

带着诚意说话，让孩子喜欢与你沟通 …………… 014

爱与理解：每个孩子都应该被温柔对待 …………… 020

父母不想听到的话，也别对孩子说 …………… 026

第二章 温暖孩子心灵的父母话术

孩子难过时，请理解并安慰他 …………… 034

陪伴孩子时，聊他感兴趣的事 …………… 040

孩子犯错时，平和沟通，积极引导 …………… 046

孩子有进步，及时肯定，夸奖鼓励 …………… 052

孩子提问时，积极回应，不敷衍 …………… 058

目录
CONTENTS

第三章 孩子需要说服,而不是压服

孩子顶嘴时,不打,不骂,不动气 …………… 066

定好的规矩,孩子不好好遵守怎么办 …………… 072

孩子发脾气,父母这样应对最有效 …………… 078

孩子爱耍赖,父母应该这样说 …………… 084

孩子的拖拉磨蹭,往往来自父母的催促 …………… 090

孩子性格倔,顺着聊,不压制 …………… 096

第四章 父母这样说,孩子拥有好品格

遏制说谎,培养孩子诚实的品质 …………… 104

心胸豁达,有度量的孩子格局大 …………… 110

培养孩子的责任心,让孩子有担当 …………… 116

培养孩子的爱心,让孩子懂感恩,更善良 …………… 122

目录
CONTENTS

培养孩子的勇气，让孩子有自信，更坚强 ………… 128
培养礼仪，让孩子讲礼貌，懂规矩 ………………… 134

第五章 好好说话，培养孩子的生存和学习能力

培养社会能力，教孩子怎样与人相处 ……………… 142
培养动手能力，让孩子拥有一双勤劳的手 ………… 148
培养理财能力，让孩子学会驾驭金钱 ……………… 154
专注力是孩子最重要的学习能力 …………………… 160
培养创造能力，给孩子插上创新的翅膀 …………… 166
帮孩子学会时间管理，提高学习效率 ……………… 172
培养习惯，帮孩子掌握良好的学习方法 …………… 178

父母的话语里，藏着孩子的未来

第一章

父母说出的每一句话，都是教养

对孩子们来说，和他们最亲密的就是父母，从小受到影响最大的也是父母。孩子的素质是后天培养出来的。他们在什么样的环境中长大，就会成为什么样的人；看着什么样的人做事，就会有什么样的行为习惯。

父母的语言陪伴着孩子的成长，同时父母的语言也是孩子潜意识认知的来源。语言相较于行为和环境，具有更直接和更快速的影响。父母的每一句话每时每刻都在影响着孩子的表现。

> 父母要警惕自己对孩子说的任何话，因为它可以启发人，也可以伤害人。

父母不要忽视自己的任何一句话，因为它会对孩子的人生观和价值观的塑造起到作用。

比如，当父母在工作的时候，孩子在一旁大吵大闹，不同的父母会有不同的反应，然后说出不同的话，对孩子产生不同的影响。

如果妈妈说"别在这里吵，烦死了"，孩子就会从妈妈的语言中学会用发泄和命令的方式去解决问题，并且从妈妈说话的方式中感受到不耐烦和怒气。他也会认为是自己不好才惹得父母生气，从而产生自卑、自责的情绪。

父母的语言不断塑造着孩子的个性和气质。在沟通的时候说什么，怎么说，会影响孩子对这个世界的看法、对自我身份的认定，以及和这个世界相处的方式。而这些都将可能是决定孩子命运的关键因素。

" 父母是子女最亲近的人，也是最值得信任的人。掷地有声的话语远比万贯家财重要。"

在孩子的心目中，父母是最好的榜样，他们会通过模仿父母的行为、语言来形成自己的为人处事的风格。下面，我们分享四句话，如果父母经常对孩子说这样的话，那么孩子会感受到温暖，变得彬彬有礼，成为人们眼中有教养的孩子。

第一章
父母的话语里，藏着孩子的未来

"我爱你"这句话应该经常大声说出来，而不仅仅是当孩子做了家长认为正确的事情时。事实上，当孩子最担心失去父母的爱时，父母说"我爱你"往往最具力量。

说"请"非但不会削弱父母的威望，反而会增加孩子对父母的尊重，因为他们自己也感到被尊重。

所有说"请"的理由也是所有说"谢谢"的理由。它们是表示尊重的口头语。感到受尊重的孩子也会相应地给予父母尊重。

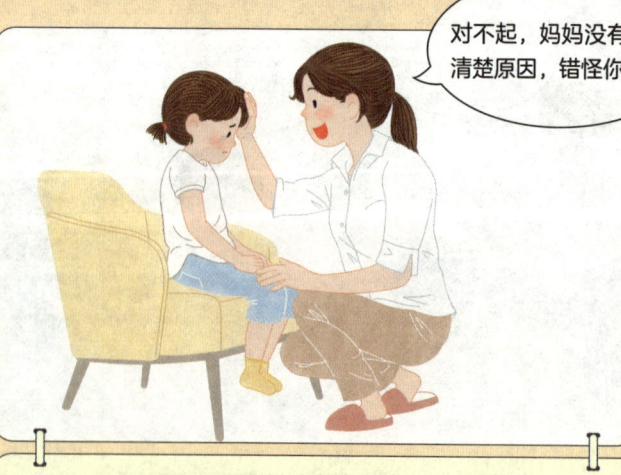

对父母来说,说"对不起"是让孩子也愿意道歉的一种很好的方式。它让父母成为很好的榜样,孩子会学习父母的态度。之后如果孩子做错事,父母不需要哄骗和强迫孩子道歉,因为孩子能够主动承认错误。

总　结

孩子刚开始学说话的时候，会将大人说话的方式模仿得惟妙惟肖，也正是在这样的模仿中，孩子建立起了对事情和人的认知。比如当家长对帮助自己的人说谢谢的时候，孩子自然就会明白，接受了帮助要知道感恩。

父母这样说，孩子才有好性格

不少细心的父母都会发现，孩子在平日的生活、学习中，往往表现出一些比较稳定的特点，如有的孩子比较合群、忍让，有的比较任性、自私，有的比较大胆、勇敢，有的比较胆小、怯懦，有的孩子能自己的事自己做，有的处处依赖父母等。这些孩子在生活和学习中表现出来的特点，就是心理学上所说的性格。那么，性格是怎样形成的呢？

> 每个人的性格从来不是并且永远不可能由他自己形成，而是由"外力"为他形成的。

所谓的"外力"有两个方面：一是遗传因素，二是社会环境。孩子来到这个世界以后，首先接触的就是父母。一般来说，从出生到入学这个阶段，孩子和父母接触的时间最多，他们对父母的行为耳濡目染。父母不仅是孩子的长者，也是他们在实际生活中模仿的对象，父母的举止、谈吐会给孩子的性格塑造打下深深的烙印。

性格外向的父母，在日常生活中的言谈会影响到孩子，潜移默化之下，孩子也会逐渐变得外向和善于交际。

在遇到突发事件时，如果父母能够处变不惊、沉稳坚定，孩子也会渐渐形成遇事沉着冷静的性格。

常言道，孩子是父母的影子。因此，要从小培养孩子的优良性格，父母首先要以身作则，要以自己良好的个性、情操去感染孩子，影响孩子。而对自己不良的情绪和习惯要善于控制和纠正，千万不要让孩子从自己的坏脾气、坏习惯中受到感染。

"你们怎样同别人谈话，怎样谈论别人，怎样欢乐或发愁，怎样对待朋友或敌人……这一切对儿童都有着教育意义。"

父母好的语言可以让孩子受到良好的熏陶，形成健康的心理和良好的品格。父母的言行是孩子的模仿榜样，它对孩子今后的成长起着重要的作用。究竟父母的哪些言行会影响到孩子性格发展呢？

父母乐观、积极的语言，就像阳光一样照耀着孩子的整个世界，带给孩子满满的安全感。当孩子感到愉悦、放松，内心充盈时，就能够把全部的精力用于发展自我。

父母平和、宽容的语言，能够让孩子具备阳光、豁达的性格，使得孩子待人接物彬彬有礼，在将来的社会交往中成为受欢迎的人。

自信的语言

父母自信的语言能够对孩子的性格养成形成积极的影响，让孩子在潜移默化中变得勇敢、坚强。

诚实的语言

父母诚实的语言不仅搭建了父母和孩子之间的亲密桥梁，还守住了孩子心中的那份安全感。拥有安全感的孩子更容易形成良好的性格。

总 结

　　心理学家科胡特说过:"一个功能良好的心理结构,最重要的来源是父母的人格,特别是他们以不带敌意的坚决和不含诱惑的深情去回应孩子需求的能力。"

　　孩子是父母的血脉的延伸,这种延伸除了看得到的基因特征,更多的是性格、修养等隐性的特质,比如说自律的父母培养出的孩子大多能严格要求自己,宽容的父母教出的孩子心胸一般不会太狭隘。从父母现在的样子,大致就能看出孩子未来是什么模样,所以父母如果性格暴躁,那么就不要怪孩子叛逆和脾气不好了。

带着诚意说话，让孩子喜欢与你沟通

父母与子女之间的良好的亲情关系，是进行思想交流的基础。父母在和孩子进行沟通时，要带着诚意，让孩子感受到你的真心。父母带着诚意跟孩子沟通，有助于增强孩子对父母的信任度，让孩子不管遇到什么事都愿意跟父母商量，从而维持良好的亲情关系。

> 感情与语言的联结，就是沟通的开始。
> 对孩子坦诚，千万不要敷衍孩子。

真诚、平等是与孩子进行心灵沟通的前提。只有对孩子一视同仁，父母才能被孩子接受；只有对孩子公平，父母才会被孩子认可。只有被孩子接受和认可，沟通才能顺利进行。父母应该让孩子知道，他们投入了全部的爱和真诚来与孩子交流。

每个孩子都有交流的需要,都想把自己感兴趣的话题和父母分享。孩子的心理十分敏感,能清楚感受到父母的态度是敷衍了事还是充满诚意。

孩子经常会要求父母听他唱歌、看他的作品、和他一起做游戏等。其实，这是孩子在向父母表达他渴望得到父母关注的信号，希望父母能够与他交流、听听他的想法，或是分享他的快乐、分担他的痛苦。

> 亲子教育是在家庭成员的互动中发生的。真诚地相处和生活在一起所带来的活力和喜悦，是灌输、说教和命令的方式无法带来的。

父母在和孩子交流时，要真诚地做出反应，而不是敷衍，要真实地表达父母的感受，而非只是训导。父母在与孩子的交流中的语调暗含着一种态度，它同谈话的内容同样重要，从接受者的角度看，甚至比内容更重要。

第一章 父母的话语里，藏着孩子的未来

对于年龄越小的孩子，父母就越要俯下或蹲下身子和他们说话，视线要和他们保持在一个水平线上，让他们感受到沟通交流方式的平等。

无论孩子说得是否清楚、正确，父母都要认真地倾听，不要心不在焉。耐心倾听也是对孩子的一种尊重。父母能够耐心倾听，孩子也会有兴趣继续表达。

积极回应

父母与孩子沟通时,要积极回应,正确引导,耐心交流,让孩子能感受到父母的关心和重视,不要孩子说了十句话,父母却一句也不回应。

平心静气

孩子即使犯了错误或做得不好,父母也要平心静气地和孩子说话。在这种沟通氛围中长大的孩子,性格温和,从容淡定,有很强的共情能力。

总 结

在和孩子交流的过程中,父母要端正自己的心态,不要把自己看得高高在上,要放下父母的架子,与孩子平等沟通,与孩子以朋友身份相处,这样,孩子才会把自己的真实想法告诉父母。孩子如果做错了事,也不要过分指责,不要用教训的口气去训斥孩子,而应该用劝导的语气去交流。

同时,与孩子说话的时候,父母也应该把自己最真实的想法诚恳地向孩子表达出来,这样孩子才会感觉到父母在沟通中的真诚,因为孩子也是一个独立的人,也应当得到尊重与平等对待。

爱与理解：每个孩子都应该被温柔对待

每个人都有被关注、被尊重、被理解的需求，孩子也不例外，他们希望听到客观、中肯、关切、贴心的话语。在陪伴孩子成长的过程中，会这样说话的父母往往能让孩子感觉到"爸爸妈妈是爱我的、为我着想的、体谅我的"，他们从父母的话语中获得安全感。父母温柔的态度、和善的语气也会让孩子感受到父母是尊重自己的。孩子也会变得更加自信。

> 孩子们请求你爱他，请如他所愿，而非总是试图纠正他。

当父母尝试去了解孩子就会发现：他们喜欢善于沟通的父母，他们的内心渴望得到父母的爱与理解。作为父母，想要被孩子接纳，就要学会倾听孩子的心声，走进他们的内心世界，而不是动不动就呵斥孩子，让孩子心生反感。

会说话的父母会把自己观察到的事情细节，孩子的情绪和由此引发的自己的感受，以及对孩子的要求，使用爱的语言温和、平静、客观地表达出来。这种表达不带有个人的偏见和负面情绪，不会引起孩子的不悦和抵触心理。

> 人与人之间也许能力有大小、收入有高低,但是父母对孩子的爱没有差别。当孩子刚到来的时候,尽管父母的内心并不确定什么样的教养方式才是对孩子最好的,但只要心中有爱,用充满爱的语言与孩子沟通,孩子将来就能多一些幸福的可能。

"我从来没遇到一个人,他的最大需求不是真实的和无条件的爱。"

父母在和孩子相处时,要理解孩子、信任孩子、尊重孩子,不时地给予孩子关心。不管孩子是否聪明、听话,都要说出满满的爱的话语。让孩子感受到父母永远爱他。

陪伴是父母给孩子最好的爱，也是孩子成长过程中最好的礼物。优秀的孩子都是在父母高质量的陪伴下，用心培养出来的。

对于自己力所能及的事，孩子特别希望得到父母的信任，所以对孩子说话时要表现出充分的信任。否则，不仅会给孩子的自尊心带来伤害，还会导致他们不愿意再跟父母进行交流。

如果孩子在外面受了委屈,或者与好朋友或心爱的宠物分离,孩子会难过半天。这时候就很需要父母的理解和关心。

孩子有了自己的一些主见,说明孩子知道了自己的力量和能力。当他提出自己的看法和要求时,父母应给予充分的尊重,不要粗暴地反对他。

总 结

良好的亲子关系，不是孩子惧怕父母，而是父母在用爱陪伴孩子的过程中，大家相互信任、相互理解、彼此尊重、共同成长。有了信任，孩子才能像朋友一样对你倾诉；有了理解，孩子才会在第一时间毫不犹豫地向你求助；有了尊重，孩子才会把你的信任与期待记在心上，并且化为动力。

孩子得到关心和爱护，获得爱和尊重，就会心情愉快，身心健康，在情感上有足够的归属感；反之则会影响孩子的发展，甚至会毁掉孩子一生的幸福。

父母不想听到的话,也别对孩子说

孩子跟父母一样,都是独立的个体,在接收言语时的感受也是一致的,都不爱听类似威胁恐吓、独断命令、冷嘲热讽、谩骂责备等话语,不喜欢那些会使自己内心充满恐惧的言语。即使父母认为这些话"是为了你好""不会害你""是为了让你将来更优秀",但请记住,父母自己不愿听到的话,也千万不要对孩子说。

> 在家里经常被父母责骂的孩子出现性格缺陷的概率最大。25.7%的孩子自卑、抑郁,22.1%的孩子冷酷,56.5%的孩子经常暴躁。

很多时候,父母脱口而出的一句话,虽然不会在孩子的身体上留下伤痕,却会在孩子的心上扎进一根难以拔除的刺,让他的内心脆弱、自卑、迷茫、无助,觉得自己一无是处,觉得自己不配被爱,甚至失去对未来的希望和热情。

父母情急之下说的"笨""真没用"等词语，经过多次强化，会让孩子怀疑自己的能力，导致孩子产生自卑心理，也会严重打击孩子的学习积极性。

心理学上有一个内化现象：

孩子会在不知不觉中，相信父母对自己的负面评价，并将这些极为糟糕的评价，转化成对自己的消极评价，活在自我否定的阴影里。也就是说，父母对孩子贴的负面标签，会成为一种反作用力，推着孩子向更坏的方向发展。

"差生是差老师和差家长联手缔造的。"

父母的每一次否定和指责，都是在提醒孩子自己多么不堪。父母的每一次打击侮辱，都是在强化孩子心底的愤怒。父母越是嫌弃孩子，孩子越是会朝着父母嫌弃的方向发展。

有句话说：言语上的虐待，无异于灵魂上的谋杀。孩子的生活是积极阳光还是消极堕落，全在父母的一念之间。

这种冷嘲热讽的语言只会让孩子越来越消极。父母不要企图用挖苦嘲讽来驯服孩子,如果孩子做错了,应该直接指出孩子的错误,并提出改进的建议。

孩子敏感又单纯,他们受到自己身边亲近的人的情绪影响最大,如果父母把糟糕的情绪体现在言语中,那么这种负面的情绪也会直接影响到孩子的身心发展。

如果父母经常对孩子说这些含有威胁性的话，孩子就会丧失对事物的判断能力，进而懦弱地服从命令。在这种环境下长大的孩子将会畏首畏尾，对未来的学习和生活充满恐惧。

如果父母习惯用独断、命令式的语言与孩子沟通，只会让孩子充满不解和愤怒，并且因为害怕而不敢再与家长沟通，最后不情愿地压抑自己内心的不满和愤怒。

总 结

心理学教授罗伊·鲍迈斯特曾在一篇被多次引用的论文中指出:"坏的力量比好的强,而且消极的事物与积极的事物并不能相互抵消。"父母对孩子说出的那些难听的话,并不能用甜言蜜语来抵消。

所以,为人父母,一定要格外注意自己的言行,小心自己对孩子说的每一句话。语言是抚慰心灵的利器,也是刺骨剜心的武器。没有一个孩子能够承受住父母粗暴的指责和谩骂。

愿天下父母都能用春风化雨般的温柔,让孩子在阳光下收获爱与幸福。

父母语言训练

永远不要对孩子说的 6 句话

01
父母的语言:"住嘴,你怎么就不听话!"
孩子的感受:"我不能有自己的想法。"

02
父母的语言:"我说不行就不行。"
孩子的感受:"因为你是大人,所以我只能暂时服从你的安排。"

03
父母的语言:"一看你就没多大出息。"
孩子的感受:"在父母心目中,我很差劲。"

04
父母的语言:"就知道玩,一学习就没精神。"
孩子的感受:"我只有做个学习机器,父母才满意。"

05
父母的语言:"你又错了,真笨!"
孩子的感受:"我是一个失败者。"

06
父母的语言:"你怎么就不如×××?"
孩子的感受:"我永远无法得到父母的认可。"

温暖孩子心灵的父母话术

第二章

孩子难过时,请理解并安慰他

世界上没有十全十美的事情,生活中的很多愿望,最终都有可能不会实现,这会让孩子感到难过和遗憾。当孩子感到难过的时候,父母需要做的,就是尽可能地去安抚孩子。但是这种安抚,并不是简单的几句安慰,而是要注重安慰的质量,让孩子尽快消除心头的阴影,重新阳光起来。

> 世界上最有征服力的武器是语言,一句话可以让一个人跌入谷底,也可以让一个人重振力量。

孩子真正需要的安慰,不是父母跟他说你应该怎么办,而是父母能告诉他"你的心情我能理解"。被理解是每个人的需求,孩子也不例外,不管遭遇了什么,只要有人能理解自己的感受,他就会感觉到没那么孤单,这个事情也没那么大不了,这是一种非常好的情绪排解方式。

即使父母认为导致孩子难过的事由无关紧要,也不要表现出无所谓的样子,而是要对孩子的体会感同身受,去理解他们的伤心,这样才能很好地让孩子感受到父母的关怀。

孩子在经受了不如意之后，心情低落是不可避免的，在这个时候，父母需要去拥抱孩子，同时告诉孩子，不管外面发生了什么事情，父母都会陪在他的身边，和他共同去承担痛苦。

"父母与孩子相处中能不能理解孩子，是不是让孩子感觉舒服和自然，这是特别重要的。"

当孩子情绪低落时，父母可以试着静下心来听孩子诉说，让他们发泄自己内心的消极情绪。可能等孩子发泄完了，他自己也冷静了。等孩子冷静之后，父母再去开导孩子，针对孩子提出的问题帮助孩子，宽慰孩子。每个人都会有负面情绪，只要不做负面情绪的奴隶，看到生活积极阳光的一面，这些黑暗都只是暂时的。

我会听

面对悲伤难过的孩子,父母最应该做的就是充分陪伴和倾听。不要光说一些大道理或心灵鸡汤,要让孩子感到放心、安心,鼓励孩子把想说的都说出来。

我懂你

当孩子因为某种原因感到伤心难过的时候,父母要体谅和接纳他的难过。父母不必急于劝慰,而是要先表现出理解,让孩子感到父母会和他一起面对。

父母可以和孩子一起分析失败的原因。要让孩子意识到,虽然这次遭受了挫折,但是我们可以分析原因,吃一堑,长一智,这就是一种收获。

当孩子的情绪平复之后,父母可以提一些有用的建议,或者提出一些替代性的方案,尽可能让孩子的遗憾变为历史。

总 结

每一个悲伤的孩子都在呼唤父母的爱和帮助。请不要推开孩子,同时把爱和温暖给孩子,引导他更好地成长。

孩子的每一次哭泣都是一次心灵的成长。父母用爱去回应孩子,孩子也会用爱去回应这个世界。

陪伴孩子时,聊他感兴趣的事

经常会听到有的父母这样说:"怎么孩子以前挺爱说的,现在越长大和父母的话却越少了。"这似乎成了困扰父母的一个普遍的问题。以前说什么,孩子都会说出一大堆,好像和父母有聊不完的话题一样。可是长大了和父母沟通时,本该很多的话却变成了仅仅几个词语或者一个字,比如"嗯""啊"。

这是因为孩子长大了,有了自己的兴趣和爱好,而父母在和孩子沟通时,只从大人的角度出发,却忽略了孩子的兴趣。

> 深度陪伴孩子不仅仅需要花费时间和精力,还要考虑到孩子的兴趣和爱好。

有些父母与孩子之间的话题仅限于孩子的学习方面,忽视了与孩子的情感交流和兴趣交流。这必然会导致孩子的不满。父母对孩子的关注点很茫然,但仍然对孩子唠唠叨叨。久而久之,孩子就会失去与父母沟通的欲望,亲子之间的沟通就会越来越少,彼此之间的隔阂就这样产生了。

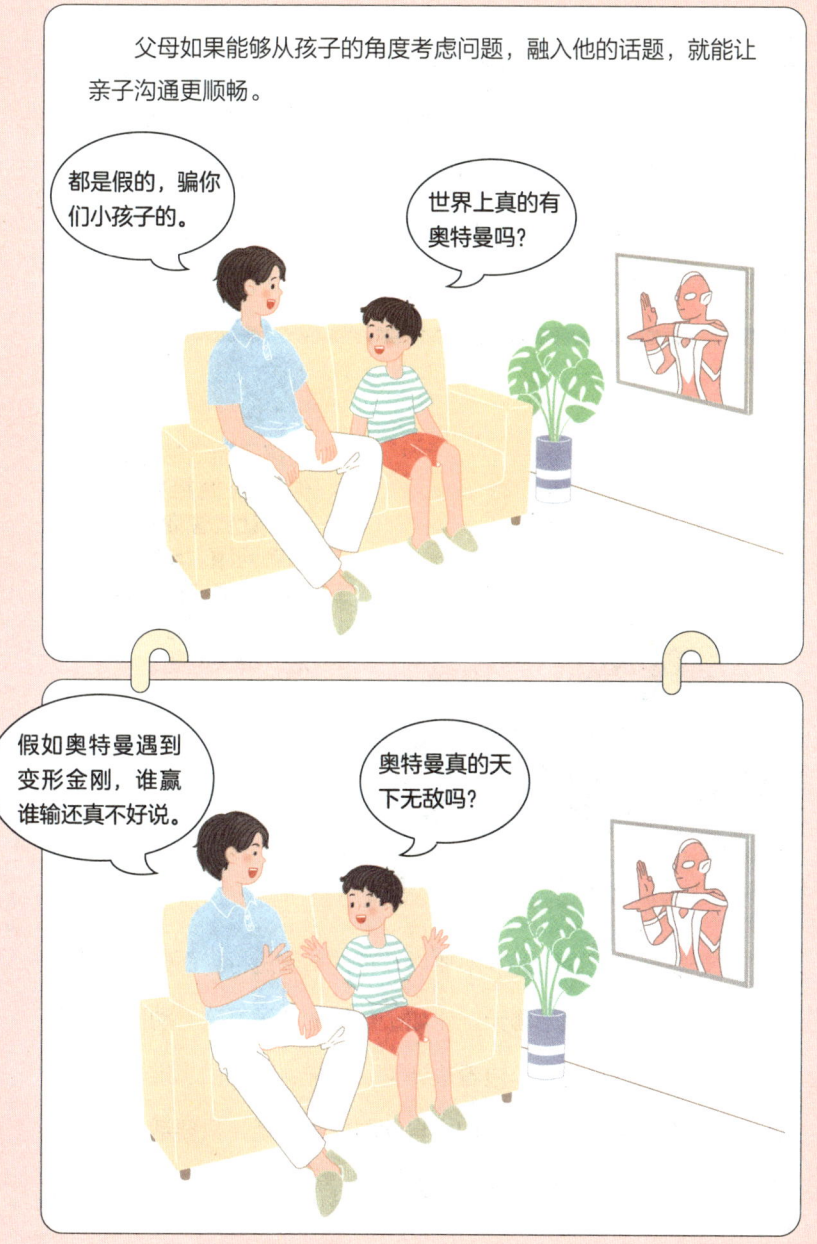

父母和孩子聊天本该是最愉快的事情，也是最舒畅的。可是有些父母却习惯性地把聊天变成唠叨、发牢骚或者是指责。这样的沟通氛围，会造成孩子内心的痛苦，让孩子觉得怎么父母总是在挑我的毛病呢，难道我一点优点都没有吗？

"对孩子训话意味着你要求他绝对服从，让他像你一样思考问题。与孩子朋友式的交谈意味着大家一起寻找方法，解决问题。"

父母与孩子交谈的时候不要以教育的口吻进行，而应当以朋友的口吻，亲切地与孩子聊天。比如，年幼的孩子喜欢看动画片，父母可以陪着孩子一起看，边看边评论。这样，孩子的思维也会随着父母的评论而活跃起来，他们会自动与父母搭话，只要话匣子一打开，父母就可以更好地与孩子聊天了。

孩子对自己喜爱的玩具充满了热情，父母和他谈论这些事情能引起他们的关注。

从孩子兴趣入手，巧妙地提问，激发孩子的好奇心，促使孩子对这一话题进行探索。

父母把自己身上发生过的类似经历讲给孩子听，能引发孩子的共鸣，让亲子关系更融洽。

父母在聊天时可以鼓励孩子大胆说出自己的看法，同时对孩子说出的正确看法予以鼓励和支持。

总　结

聊天的目的不是为了教育，而是为了产生共鸣与联络感情。亲子之间的聊天，有时也要像朋友一样。抛掉父母要教导孩子的想法，只要是孩子感兴趣的事，就跟他多聊聊。教，永远不嫌晚。但是当孩子不想跟父母聊天时，一切就太晚了。

孩子犯错时，平和沟通，积极引导

孩子因为淘气打碎了家里的花瓶，你的第一反应是什么？是不是脱口而出："你怎么这么淘气，和你说多少遍了不要在屋里玩球，你就是不听，一边去。"

仔细想一下，这样真的是在教育孩子吗？他们能够听进去吗？其实，这个反应中没有任何一个词告诉孩子到底错在哪里了，他的行为会给别人带来什么影响，之后到底该怎么做。只是在指责孩子，贬低孩子。

欣赏能让孩子长成参天大树，贬低能让孩子枯萎畸形。

孩子犯错后，父母如果一味责骂、贬低、否定，孩子要么顺从要么反抗，但是不会从这件事情中学会应该怎么做，父母也没有达到教育的目的。孩子犯错后，最重要的不是教育惩戒，而是先让孩子自己认识到问题和错误，让孩子没有抵触情绪，从内心深处愿意改变自己的行为。

父母总喜欢质问孩子犯错的理由:"为什么不整理房间?""为什么欺负妹妹?""为什么没有写作业?"这些问题后面也常加上贬低的话,像"你真让人忍无可忍"。这些问题不可能开启一段有成果的对话,或刺激孩子去思考,父母也根本不会得到一个满意的答案。

"父母的质问只能表达出两层含义:第一,我很生气;第二,我很无助。这两者对孩子真正认识到自己的错误并进行改正毫无用处。"

面对犯错的孩子,父母应先控制自己的情绪。不要带着情绪与孩子沟通。在这个过程中,父母始终要保持温柔而坚定的态度,让孩子在安全与被爱的状态下,有所悟、有所惧、有界限、懂规则,这才是教育的最好状态。

父母在谈论孩子的行为时应只陈述事实，不做评价，负面的评价会让孩子因为害怕而否认自己的错误，而陈述事实更容易让孩子接受错误。

父母应该向孩子说明他的错误行为所导致的后果，而非严厉地呵斥孩子。呵斥只能造成孩子的反抗，但说明后果能让孩子知道自己的行为带来的影响。

父母应该表达感受，而不是抱怨。抱怨会伤害到孩子的内心，而表达感受则能帮助孩子理解他人。

这种表达可以让孩子承担行为的后果，同时让孩子知道以后该怎么办。

总 结

孩子做错了不可怕，做错了也有进步的机会，即便这个错是我们提醒过的。所以，不要用责骂、贬低的方式来迫使孩子以后都听大人的话。父母要做的是先关心孩子的情绪，然后带领孩子从错误中学习如何进步。唯有孩子亲身经历才会有深刻的领悟。与此同时，孩子也会感受到父母的尊重，感受到他们给自己的满满的爱和关怀。

孩子有进步，及时肯定，夸奖鼓励

父母如果敢于肯定自己的孩子，对孩子发出"你一定能行"的正向信息，那就会使孩子对自己越来越有信心。相反，如果父母总是对孩子心存过度的担心，对孩子发出的是"你不行"的负向信息，那么时间长了，孩子会真的认为自己不够好。孩子能否有足够的自信心，实际上很大程度取决于父母和老师的态度。

> 一个人从蹒跚学步到长大成人的过程中，他所接受的表扬与取得的成就息息相关。

一个没有得到过任何赏识的孩子，很容易自卑怯懦，长大之后也很少有勇气去面对自己想要做的事情，成功的概率自然也会很低。

> 孩子在受到父母的夸奖时，不仅会感到心情愉悦，而且会懂得什么是对的，什么是错的，什么是父母提倡的，什么是父母反对的。这样比父母直接对他说应该做什么、不应该做什么，效果要好得多。

"亮点要放大——用爱的眼睛发现孩子，鼓励要及时——用爱的鼓励调动孩子。"

父母可以对孩子说："成绩不错，不过再努力一点，你会取得更优异的成绩！"对孩子成绩的赞扬可以让他感到温暖和欣慰，让他感觉到自己的努力没有白费，至少获得了父母的认可；而对孩子的提醒和鼓励则可以给他继续努力的动力和信心。

父母应该及时发现孩子的点滴进步,并用表扬进行强化。

如果孩子听到父母当着别人的面表扬自己,他的自尊心会得到满足,自信也会增加,会朝着好的方向继续努力。

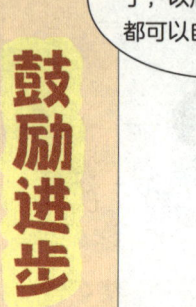

父母的鼓励可以调动孩子心中的积极因素，促使孩子期望自己取得更大的进步。

父母在夸奖孩子的同时，提出建议和期望，可以让孩子获得更大的提高。

总 结

父母要善于发现孩子的优点,并且把这些优点放大去看。不管孩子的优点有多小,都要及时提出来进行表扬,以此增加孩子做事的兴趣与自信。父母应鼓励孩子把优点保持下去,引导孩子把缺点变成优点,激励孩子挖掘出自身的潜力,帮助孩子打下走向成功的基础。

孩子提问时，积极回应，不敷衍

对世界感到好奇的孩子，常常会提出一些让大人招架不住的问题。这时，重要的不是告诉孩子答案，而是带领他们去思考、探索可能的答案。在这个过程中，父母不一定需要像百科全书一样什么都知道，重要的是要积极回应，引导孩子开启思考之路。

孩子的问题多，说明他很聪明，愿意主动了解这个世界。

然而，现实生活中的某些父母，却非常不理解孩子的这一特点。每当遇到孩子说出"为什么"时，不是积极回应，而是随便敷衍。这么做，只能造成孩子越来越丧失提问题的兴趣。试想一个连问题都懒得再问的孩子，能够拓宽视野，增长见识，健康地成长吗？

对待孩子提出的问题要有耐心。当孩子提出问题时，父母要尽量放下手头的事情，耐心地倾听孩子讲述，并且认真地回答孩子提出的问题。

> 每一个问题的背后,都藏着一双渴望知识的眼睛。孩子善于发现问题,并且勇于提问的精神难能可贵。父母要珍惜孩子的"为什么",让孩子满满的求知欲在心中萌芽,帮助孩子在未来的路上,不管遇到什么问题都能因好奇而茁壮,因思考而成长。

"若要孩子保持好奇心,至少需要一个能够与他分享的成年人。"

无论孩子提出的问题有没有道理,父母都应当报以赞赏的态度,和孩子同样感到兴奋、惊奇,让孩子从中得到满足,使他求知的欲望更加强烈。相反,如果父母的态度非常不耐烦,嘲笑或讽刺孩子,甚至贬低问题的价值,这无异于给孩子浇上一盆冷水,会让孩子提问的热情就此消失。

对于生理知识,父母不要回避,以免让孩子胡乱猜想。

对知识性问题,父母不要把答案说得太清晰,应当以启发为主,给孩子留有思考和查找资料的余地。

面对学习上的问题，父母尽量不要直接给出答案，可以试着反问孩子，培养孩子主动思考的能力。

当孩子提出的问题超出父母的认知范围时，不要搪塞应付，要勇于向孩子表明父母也有不懂的问题。接下来，父母可以与孩子一起寻找资料，共同找到答案。

总　结

对于孩子来说，世界上的一切都是新奇的，他们用充满好奇的目光注视着周围所有的事物。也正是这种好奇心，催生出孩子的创造力与探索精神。因此，在对待孩子提出的问题时，父母首先态度上要重视，做到积极回应；同时根据问题的类型、孩子的年龄和理解能力等因素，给出不同的回答。

温暖孩子心灵的6句话

01
父母的语言:"你的努力我们都看到了,相信你能取得好成绩。"
孩子的感受:"爸爸妈妈认可了我的努力。"

02
父母的语言:"什么游戏让你这么投入,教教我好不好?"
孩子的感受:"爸爸也对我的游戏感兴趣,太好了!"

03
父母的语言:"我非常理解你的感受,谁都不喜欢被冤枉。"
孩子的感受:"爸爸妈妈还是理解我的。"

04
父母的语言:"你能集中精力写作业了,真不错。"
孩子的感受:"原来我的表现父母都看在眼里。"

05
父母的语言:"我们家孩子这次演讲比赛得了第一名!"
孩子的感受:"我的父母以我为荣。"

06
父母的语言:"虽然你犯了错误,但我们相信你一定会吸取教训。"
孩子的感受:"父母还是相信我的。"

孩子需要说服，而不是压服

第三章

孩子顶嘴时，不打，不骂，不动气

很多父母表示，孩子不会说话的时候，自己很希望听到孩子说话。等到孩子能够说话的时候，又经常听见孩子反驳自己。孩子们的固执，让父母觉得他们就是一个个小"杠精"。

> 当孩子无法实现他们的愿望时，必然会以顶嘴、哭闹、发怒等形式来进行抗争。

随着孩子们的成长，他们渐渐有了独立思想，也有了叛逆的思想。在孩子们的世界里面，他们不喜欢父母一味地呵斥和命令。他们觉得厌烦的时候，会顶嘴，会反抗父母的指令和要求。这让很多父母觉得，自己在孩子心中，已经没有了威信。父母有时实在控制不住自己的怒气，又没有别的办法，只好给孩子点颜色看看！

"给孩子点颜色看看"，那不就是把孩子打一顿、骂一顿吗？其实，打骂孩子，树立不了家长的威信，更谈不上能教育好孩子。

第三章
孩子需要说服，而不是压服 | 067

当孩子顶嘴时，父母首先要控制好自己的情绪，这也让孩子在无形中慢慢冷静了下来，开始思考自身存在的某些问题。

其实，孩子顶嘴根本没有父母想象的那么"恐怖"。当孩子有了自我意识以后，处处会想到"我"，但他在表现自己能力的方法上又不那么丰富，父母一旦拒绝他的要求，他就会用愤怒的情绪来宣告他独立的自我意识，其表现就是同大人顶嘴。

"孩子顶嘴，首先就是父母的不合格。家长如果希望孩子能和自己好好说话，那么就应当搞清楚孩子为什么会和自己顶嘴。"

其实，很多父母不愿意承认，很多时候，都是父母在掌控着孩子的人生轨迹，而当孩子突然脱离掌控时，自己便无法接受，甚至出现沮丧、失落和不甘等情绪，这或许才是亲子矛盾出现的真正原因。因此，当父母遇到孩子顶嘴时，请不要动怒，用一颗宽容的心去理解孩子。

找出原因

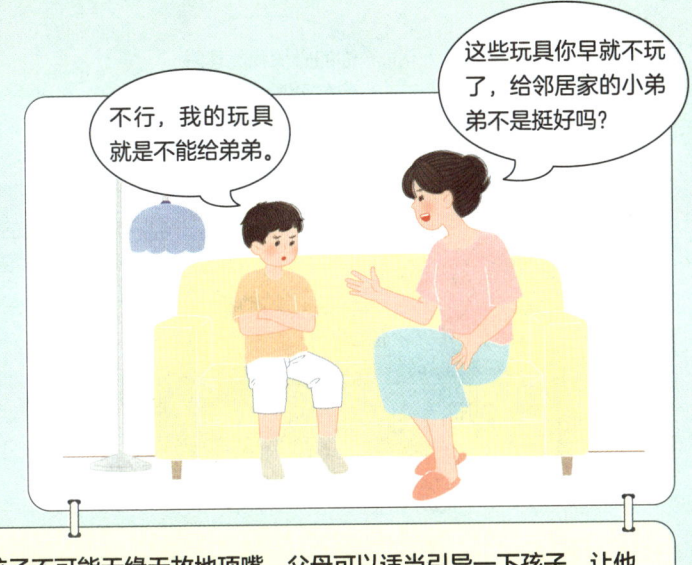

孩子不可能无缘无故地顶嘴,父母可以适当引导一下孩子,让他们说出自己行为的原因,父母也能更好地了解孩子的想法。

表明态度

孩子顶嘴时,父母要教会孩子不开心就直接表达,但不要说"我讨厌你",这样孩子才能在生气的过程中控制自己不伤害他人的感情。

父母可以先表达对孩子的理解，表明自己知道孩子不开心，然后再告诉孩子生气时到底该怎么做，教给孩子正确的情绪表达方式。

孩子有时的顶嘴行为，很可能是在试探父母的底线。这个时候，家长不妨先表明自己的底线和原则，让孩子懂得，在底线范围内，家长可以做出退让，一旦打破规则，事情将没有讨论的余地。

总 结

　　孩子小的时候，很听父母的话，也不会跟父母顶嘴。但从他们有了独立性之后，他们变得会反抗、会表达不满。父母强迫他们做的，他们会觉得不适，从而出现顶嘴的行为。他们自己想做的，父母不让，他们会用顶嘴来试探。

　　父母面对这样的场景，千万要稳住自己的情绪。对孩子的教育，绝对不是强制禁止就可以，也不是简单命令就有效。一定要细心地引导孩子，让他们主动说出原因，也让他们主动反思自己的行为。只有这样的教育，才能真正让他们成长。

定好的规矩，孩子不好好遵守怎么办

出门之前，明明和孩子说好了不买零食、玩具，可一进商店，孩子就攥着糖果、玩具不放手；明明和孩子讲好了只玩 10 分钟，可是时间到了之后，孩子却闹着要再玩一会儿……面对这些情况，父母往往心头一软："孩子还小，就迁就他一次吧！"就这样，父母与孩子定好的规矩被孩子轻易推翻了。

> 家长给孩子立了规矩后不闻不问，孩子是不会自觉遵守的。

有的父母虽然和孩子定好了规矩，可只要孩子反抗，他们就会放弃执行规矩。这些父母放弃的不仅是执行规矩的权利，更是纠正孩子不良行为的责任。

同时，父母要求孩子做到的，首先自己一定要做到。如果父母要求孩子吃饭时专心，自己就不要在饭桌上玩手机。在孩子眼里，父母就是权威，只有父母自己不打破规则，孩子才不会去试探你的底线。

无论父母有没有给孩子立规矩,孩子都是有榜样的。这个榜样就在家中,就是父母。

老师制定的规则，孩子们都能乖乖遵守，几乎没有孩子会主动去破坏。为什么回到家里就变了呢？这跟父母制定的规则混乱有关。父母让孩子坐下好好吃饭，但是要求普遍没有那么严格，拖拉一阵，做个小动作也不太管他。

"年幼的孩子承认规则不能轻易更改，但是他们更愿意用结果来支配自己的行动，很少考虑为什么要这么做。"

在幼儿园，如果小朋友不按照规则吃饭和放置物品，就会被老师批评，所以大家能按规则做得很好。回到家里，凡事讲个条件父母就答应了。一次次达到目的让孩子忽视规则的存在，促使他不断地挑战父母的底线来满足自己的需求。

父母要注意明确规则,让孩子正确理解。孩子的参与感越强,遵守规则的意愿就会越大。

规则既然定好了,就要坚决执行,让孩子学会敬畏规则。

定下规则后,在家里与在外面的执行力度要一致,要让孩子意识到:无论何时何地,这个规则都应该遵守。

父母要求孩子遵守什么规则,要尽量让孩子看到遵守规则的益处和不遵守规则的后果,否则,再多的规则也是形同虚设。

总 结

没有规矩不成方圆。在孩子年幼的时候,父母就要重视培养孩子的规矩意识,使孩子形成自律意识,成为一个有自我约束、自我管理能力的人。

正如一位知名专家所说:当父母教育孩子遵守规则时,如果他们让孩子看到规则本身的公平性,而不是因为父母的权威性,那么他们就为孩子未来成为遵纪守法的人奠定了基础——在未来的日子里,父母并不总是能保持那样的力量与权威性。

孩子发脾气，父母这样应对最有效

当孩子不讲道理，失去常态的时候，也是父母最容易去剥夺孩子能量的时候。父母会特别愤怒，有的时候甚至会产生挫败感，会觉得自己非常失败，怎么教育出来这样的孩子？

这时，很多父母总是想着以更坏的脾气来压制孩子，这种做法往往起不到很好的效果，反而会起到负面的作用。

> 你常因孩子的种种挑战怒火中烧，但孩子处理愤怒情绪的方式不正是跟你学的吗？

父母的以暴制暴，会让孩子产生逆反心理，孩子越长大，父母就觉得越难管教。

在生活中，父母应该多给孩子树立好榜样，让孩子知道父母平时是怎么控制自己的情绪的。只有让孩子了解如何控制情绪，如何解决问题，孩子才会慢慢改变。

孩子因为自己的要求没有被满足而发脾气时,父母应尽最大的耐心看着孩子,然后一直对他说一句话:"如果你好好跟我说,合理的要求我会考虑的,如果你闹,我一定不会答应你。"

2~7岁的孩子正处于叛逆情绪爆发期,动不动就会发脾气。如果父母不能正确地引导孩子管理好情绪,不仅父母会非常苦恼,也会让孩子饱受坏情绪的折磨。更重要的是,孩子长大后会深受坏脾气带来的困扰,工作、生活一团糟。

"如果孩子想要学习控制自己的脾气,他们需要无惧愤怒并敢于面对愤怒。例如,父母可以说:'你有多生气不重要,重要的是你不能伤害到别人,不管有什么原因。'"

当孩子发脾气时,父母要做的是走进他的内心,了解他发脾气的原因,及时帮助孩子平静下来,然后帮助他释放内心的不良情绪,并教会他宣泄和控制自身情绪的方法。

当孩子发脾气时,父母温和的询问能让孩子渐渐平静下来,表达出自己的心理感受。

孩子通过大哭来宣泄情绪时,父母可以耐心地等他哭完。孩子会感觉到有人理解他,情绪会慢慢平复。

转移注意力

孩子的情绪平复后，父母可以用其他活动来转移孩子的注意力，让他从导致情绪失控的事情中走出来。

引导行为

父母要教给孩子正确的宣泄情绪的方式，让孩子逐渐学会控制自己的情绪和行为。

总 结

孩子的情绪是他们内心世界的反光镜,清晰地反映了孩子的内心波动。一个惯于发脾气的孩子,他的心里负面情绪太多,很难与他人进行友好的交流,也很难形成良好的交际能力。因此,父母一定要对孩子乱发脾气的行为进行引导、疏通,让他可以用平和的态度去面对生活。

生活中,父母要告诉孩子,在发脾气之前要试图让自己冷静下来,不要轻易暴露自己的不良情绪,以免产生不必要的后果。此外,当孩子发完脾气时,让他自己静下心想一想是不是值得发怒,然后帮助他找出发怒的根源,以利于孩子控制情绪。

孩子爱耍赖，父母应该这样说

父母都希望孩子听话一点、乖巧一点，可很多时候偏偏事与愿违。有些孩子爱耍赖，尤其爱在公共场合耍赖，这让父母感到进退两难。对孩子来硬的，孩子往往表现得更强硬，更放肆地耍赖；对孩子来软的，可孩子不听；满足孩子的要求，父母又深知这是纵容孩子，对孩子成长不利。

> 教育孩子的过程中，没有冲突与争论是不可能的。

理由其实很简单，教育有时候意味着父母要让孩子停止他最想做的事：不给买想要的玩具、不让玩游戏，不让吃零食；也意味着父母要督促孩子去做他可能不喜欢做的事：结束游戏回家、写作业、上床睡觉。这时，孩子会想方设法地软磨硬泡，希望能够让父母改变决定。就这样，亲子之间的冲突和争论就出现了。

需要注意的是，即使协商不成，父母也千万别中途妥协，向孩子缴械投降，否则之前的坚持都会白费。孩子会觉得：爸爸妈妈只不过是随便说说，如果软磨硬泡，最终还是会满足自己的要求。从此，孩子就会把耍赖当成一件屡试不爽的武器。

"对于提出无理要求，靠撒泼打滚来要挟父母满足他们要求的孩子，家长一定要坚决拒绝。否则就是溺爱孩子，会把孩子惯坏。"

孩子小的时候分不清是非对错，正是需要父母给予教育和引导的时候。对于孩子的耍赖行为，父母如果狠心拒绝实际就等于及时纠正了孩子错误的认知。如果父母自以为爱孩子而妥协让步，就会让孩子失去辨明是非的成长机会。

温柔拒绝

父母的拒绝要温柔、平和，不能气急败坏，更不能威胁恐吓。

协商沟通

用协商的方式和孩子沟通，提出第二方案，让孩子接受父母的建议。

父母可以提供两套方案供孩子选择，即使孩子选择的不是父母希望的选项，父母也不要反悔。

当孩子坚持耍赖时，父母不妨采取冷处理的方式，就像什么事情都没有发生一样。这样能让孩子意识到父母不喜欢自己的耍赖行为，继续下去也没有作用。

总　结

　　如何应对孩子的软磨硬泡，让他养成良好的行为习惯，这是困扰父母的难题。因为，说教很难起到积极的效果。其实，父母忘记了这样一个经典的教育理论："积极引导起到的效用，往往比说理教育还好，它既能融洽父母与孩子之间的关系，含蓄且委婉，又有利于孩子在无形中养成良好的习惯和心态。"所以，放弃说教，积极引导吧，这样才能帮助孩子避开人生路上的弯道！

孩子的拖拉磨蹭，往往来自父母的催促

当父母的都有这样的体会：孩子小的时候可爱听话，等上了小学，就变得做事磨蹭、拖拉，什么事都要父母催促。上学要迟到了，父母看着表，再看看孩子的慢动作，内心无比焦急，只好不停地催促："快点儿！快点儿！"但是孩子没有因此而加快速度，这让父母更加急躁，忍不住对孩子大声呵斥……

> 有拖延习惯的孩子，一定有一个急性子的爸爸或者妈妈。

其实，孩子有自己的生理节奏，对他们而言，感觉最舒服、最顺畅、最有利的就是顺应自身的生理节奏。父母如果不考虑实际情况，一味逼迫孩子加快节奏，对他们的身体和心理都会造成损害，而他们的行动也不会因为父母的催促就变快。

父母不妨试着将自己的节奏放慢一下，等等孩子，就会发现孩子并不会因为偶尔的磨蹭成为拖拉的人。

父母的过分催促，实际上等于在否定孩子，告诉他："你的能力有问题，安排不好自己的事情，需要我们的监督和帮助"。这会让孩子觉得自己磨蹭没什么大不了的，出现什么后果也是由父母承担，而不会觉得这是自己需要改正的行为。

"一个有拖延习惯的儿童背后，总有一个事无巨细为其整理收拾的人。"

其实，当父母不再把孩子磨蹭的状态当成无法改正的大问题时，自己急躁和焦虑的情绪就会减少。当父母负面情绪减少的时候，孩子更容易冷静，他们自己的行动就会更有效率，也更容易专注于解决自己的问题。

父母用简洁的语言提醒孩子注意时间，有利于促使孩子自我管理。

父母向孩子提出希望而不是催促，孩子配合的积极性会更高。

父母可以直接提醒孩子行动太慢的后果,让孩子意识到拖延的负面影响。

父母可以用提问的方式引导孩子自己想办法按时完成该做的事情。

总 结

很多时候，磨蹭拖拉并不是孩子内心的选择，甚至会因此引发焦虑和不安，父母能做的就是给孩子足够的安全感和归属感。在教育孩子的漫漫长路中，看到孩子做事情慢，不要着急替他做，允许孩子承担拖拉的后果，把催促换成提醒和支持，相信孩子可以做到。

愿我们每个父母都可以做到不逼不催，静待花开，收获一个自信且独立的孩子。

孩子性格倔，顺着聊，不压制

父母都希望孩子能够听话，这样带起来既舒心又省心，但孩子有时会犯倔、不服从，这是孩子性格倔强的表现。很多时候，孩子倔强是因为随着年龄的增长，孩子有了自己的主见，与父母的想法不一致，但不肯妥协、坚持己见造成的。

> 孩子出现倔强的表现，其实是他自我意识开始萌发。

有的父母平时对孩子过多干涉，事无巨细，面面俱到，让孩子感觉完全失去了自我。为了彰显自我，他开始和父母对着干来反抗父母的控制。这似乎是在向父母宣布："我可不要听你们的话，我要做我自己！"

有些孩子犯倔，是因为他们有自己的想法，比如，想自己决定衣物、日用品的款式等。对待这些事情，父母不必说一不二，应以尊重为主，建议为辅。

倔强的小孩因为自我意识比较强，所以他们在做事情的时候，往往不太容易被他人所影响。这对于孩子的学习生活，以及长大后的工作来说，有着比较多的益处。倔强的小孩有着自己的自我意识，所以负面情绪不太能打败他们，这能让他们做事更加专注。

"倔强的孩子并非一无是处，他们往往能够拥有其他孩子没有的品质。"

面对孩子的倔强，父母既不能放任其过度发展，也不可简单粗暴地对待，抹杀了孩子正在成长的独立意识。父母要学会站在孩子的角度进行思考，理解孩子倔强性格形成的原因，并且对孩子进行相应的引导，这往往能够获得比较好的效果。

事先沟通

父母应事先跟孩子沟通,让孩子明白"为什么要这样做"。

平等对话

父母应将孩子作为一个独立的个体进行平等的对话,尽量去了解孩子犯倔的真实原因,这样才能对症下药,成功说服。

当孩子不想说话时,不妨给他时间和空间,等他愿意说的时候再聊。

父母不妨学会适当地放手,允许孩子犯错。当孩子在摔了一次次跟头后,他们会逐渐变得理性,这个时候再去和孩子说道理,往往能够取得比较好的效果。

总 结

父母在与倔强的孩子相处的时候，要学会给予孩子一些尊重和自由，这样才能应对孩子的感性心理。虽然养育一个性格比较倔强的孩子会让父母感到非常辛苦，但是这个辛苦的背后，收获的是孩子的成长。

父母应该学会包容孩子，理解孩子的倔强，这样也能让自己的教育过程变得更轻松。

父母语言训练

巧妙说服孩子的 5 句话

01

父母的语言："你对妈妈（爸爸）发脾气，妈妈（爸爸）很难过，也不知道你是怎么了。"

孩子的感受："莫名其妙发脾气会让父母难过，他们也不知道如何帮自己。"

02

父母的语言："把作业写完，咱们可以一起去游乐场玩。"

孩子的感受："这个建议不错，我还是先写作业吧。"

03

父母的语言："刚才有客人在，我没有批评你。"

孩子的感受："爸爸妈妈知道维护我的面子。"

04

父母的语言："这是原则问题，我真的无法答应你。"

孩子的感受："我再怎么哭闹都是没有用的。"

05

父母的语言："你怎么乱发脾气，应该先冷静一下。"

孩子的感受："仔细想想，好像确实是我做得不对。"

父母这样说，孩子拥有好品格

第四章

遏制说谎,培养孩子诚实的品质

孩子天生不会说谎,但为什么有的孩子刚刚开始学说话,就学会了说谎呢?那是因为,一旦发现生活中存在谎言,孩子就会觉得自己也可以说谎。孩子如果感到恐惧,就会用说谎来保护自己;孩子如果发现说了实话反而被批评,就会用谎言来逃避责任……

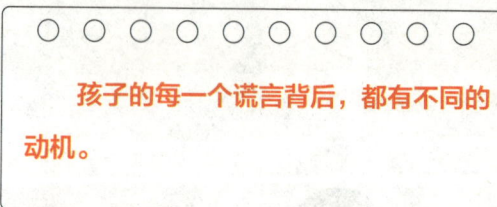

孩子的每一个谎言背后,都有不同的动机。

除了逃避惩罚、取悦父母,孩子的有些谎言只是为了好玩,看到对方被欺骗后的表情,孩子会高兴地说:"哈哈!你被骗了!"

还有一些谎言是为了安慰或满足自己,其他人有的孩子没有,孩子就骗其他人说自己也有;或者为了吸引大人的注意,尤其是长期被忽略的孩子,觉得自己撒个谎、挨次打也没关系,总比父母对自己不闻不问要强。

孩子尝到了撒谎的甜头后,撒谎就成了信手拈来、毫不费力的事情。

> 大多数情况下,孩子刚刚开始撒谎都是被逼无奈。如果父母能够给予孩子更多的理解和尊重,不要随意惩罚孩子,他们一定会权衡利弊,宁愿说出真相获得谅解,也不愿意提心吊胆地维系谎言。对于撒谎的孩子来说,他们的心里也在承受着煎熬。

> "撒谎是孩子成长进程中的一部分。让孩子体验到谎言的后果,对孩子的成长来说非常必要。"

面对孩子的谎言,父母要以最客观和最妥当的方式去处理,不要让孩子过早地承受压力,被迫用撒谎的方式来保护自己。父母不要说:"你撒谎,你不乖,我不喜欢你了!"要让孩子感觉到,无论发生了什么事,爸爸妈妈都会永远爱我。然后,父母再引导孩子理解撒谎的影响,让孩子感受撒谎的后果,从而让孩子不再轻易撒谎。

当孩子向你说一件事时，要对孩子保持信任，给孩子积极的回应。如果在听孩子讲的过程中，发现孩子有说谎的可能，可以通过委婉提醒的方式，使孩子意识到自己露馅了。

父母不要对孩子犯下的小错大动干戈，大多数孩子撒谎的目的就是避免因犯错被父母责骂，如果父母能够宽容孩子的错误，孩子就不会为了逃避责任而撒谎。

询问动机

父母通过这样的提问，可以了解孩子说谎的动机，便于有针对性地教育孩子。

表达期望

父母在教育孩子后，可以通过表达期望，引导孩子朝好的方面发展。

总 结

父母不要认为严厉的惩罚可以遏制孩子说谎，这样做往往会适得其反。当发现孩子说谎时，千万不要气恼，甚至不分青红皂白地训斥孩子。尤其是当孩子主动承认错误之后，父母应该适时地给予孩子表扬，肯定他说实话是好的表现，然后指出错误的危害性，让孩子在赞扬声中改正错误。

父母可以通过这种方式让孩子知道，勇敢地承认自己的错误，而不是撒谎去掩饰错误，不但不会被责骂，还会受到奖励。

心胸豁达，有度量的孩子格局大

宽容是一种非凡的气度，更是一种境界和胸怀。它有仁爱的光芒，是一个人无与伦比的内在魅力。宽容也是一种重要的品质，它对孩子个性的健康发展，尤其是情感的健康发展，以及孩子良好人际关系的建立有着非常重要的意义。

> 富有宽容心的孩子往往心地善良，性情温和，惹人喜爱。

要培养孩子宽容的品质，为人父母者应该以身示范，给孩子做好榜样。试想，如果父母心胸狭窄，不懂宽容，无视他人的感受，习惯将自己的意志强加于人，或者为一点小事争执不休、斤斤计较，孩子又怎么能学会宽容呢？

父母懂得宽容，会给孩子树立很好的榜样，孩子会从父母的言行中学到宽容的品质。

如果父母之间总是互相埋怨,气氛紧张,孩子永远不会理解宽容的含义。

作为孩子最亲密的人，父母的行为会直接影响孩子的观念。如果父母心胸豁达，那么孩子自然就会拥有广阔的胸襟。在日常生活中，夫妻之间要学会互相包容，互相理解，在孩子面前树立宽容待人的榜样。

"或许以温柔、宽厚之心待人，让彼此都能开朗愉快地生活才是最重要的事吧。"

俗话说"金无足赤，人无完人"，每一个人都有自己的缺点，父母要教孩子学会理解，学会容忍别人的缺点，才能让孩子体会到宽容的真正含义。同时，对于别人的过失，也要有一颗包容之心。父母要告诉孩子，理解他人不仅要包容他的短处，还要接纳他的过失。另外，还要让孩子学会与人为善，当孩子学会善待他人时，就有了一颗友善、宽容的心，自然会宽容他人。

让孩子站在对方的角度思考问题，这样就能减少不必要的矛盾。

告诉孩子，当别人给自己造成小的损失时，应该学会包容对方，原谅对方。

扩大交往

让孩子在交往的过程中慢慢学会相处之道,懂得宽容豁达。

接受差异

从小告诉孩子人与人之间是有差异的,让孩子学会不歧视他人。

总　结

父母要让孩子在与同伴的交往中学会理解他人。父母要特别注意引导孩子不嫉妒比自己强的同伴，不嘲弄比自己"差"的同伴，不故意为难同伴。让孩子真正理解同伴，这样，孩子才能真正做到向比自己强的同伴学习，帮助比自己"差"的同伴。也只有通过交往，孩子才能体验宽容带来的快乐。

培养孩子的责任心，让孩子有担当

责任心是一个人安身立命的基础。一个没有责任心的孩子是很难有自我认同感的。他做事情会虎头蛇尾，不懂得坚持，而坚持恰恰是成功必不可少的条件。很多孩子出现的问题，很大一部分原因在于没有责任心。

> 一个人若没有热情，他将一事无成，而热情的基础正是有责任心。

在生活中，我们随时随地都可以看到有的孩子不负责任的现象。如：作业没做完就去玩了；打扫卫生，扫把扔一地就不见人影了；甚至上学时连课本也不带。每当父母和教师询问时，孩子们都是一个理由——忘了。那么是不是孩子记性不好呢？答案是否定的。原因是这些孩子缺乏责任心。

父母要警惕孩子所表现出的学习马虎，做事不认真、草率等一系列责任意识淡薄的现象。

> 责任心不仅作为一种极其重要的非智力因素影响着孩子的学习与智力开发，同时，它是一个人日后能够立足于社会，获得事业成功、家庭幸福的至关重要的人格品质。学会负责是家庭教育的重中之重，是推进素质教育、培养全面发展的新型人才的关键，也是当前很多父母迫切需要解决的一个重要问题。

"父母做得越多，孩子身上的责任就越少。"

要培养孩子的责任心，父母就要锻炼孩子独立做事的能力。随着孩子年龄的增长，孩子自己的事情应该自己做，在做之前，父母要提出要求，鼓励孩子认真完成。如果孩子遇到困难，父母可以进行一些指导，但一定不是包办代替。

父母要从小给孩子植入分担家务的概念，逐渐让孩子具备责任心。

父母应鼓励和监督孩子做事情要有始有终，要勇于承担责任。

父母要让孩子学会对自己的学习和生活负责,学会自理、自立。

父母应当要求孩子对自己的言行负责,勇敢面对过失。

总 结

　　孩子的责任感的形成是一个渐进的过程,需要日积月累。另外,因为孩子毕竟年龄小,好奇心较强,注意力容易分散,这些特点往往会妨碍他把一件事有始有终地完成。而当孩子完成一件事后,父母要给予公正及时的评价,并善于用语言将孩子的注意力吸引和转移过来,让他继续完成他应该完成的其他任务。

培养孩子的爱心，让孩子懂感恩，更善良

一个有爱心的孩子会回报父母，会关心他人，会对社会有贡献。很难想象那些不爱父母、不爱护小动物的孩子，能在别人需要帮助时伸出援助之手。所以，父母在爱孩子的时候，也要让孩子爱父母，爱小朋友，爱老师，爱小动物。懂得了爱，孩子才能拥有珍惜的品德。

> **妈妈对孩子的爱是孩子成为一个充满爱心的人的最大动力。**

爱心培养要从小抓起。父母要把孩子看作自己的伙伴，让孩子感受到家庭的温暖，感受到被爱的幸福，为孩子奉献爱心打下基础。在爱的氛围中长大的孩子内心是健康、阳光的，他们不仅从父母那里得到了应有的爱，往往还懂得爱、感恩和尊重。他们心地善良，乐于奉献，有良好的人际关系。

第四章
父母这样说，孩子拥有好品格

父母不要感觉孩子小，不懂事，就忽略孩子的感受。其实，父母做的任何事情，孩子都看在眼里。作为父母，要从尊敬和孝顺自己的父母开始做起，给孩子树立好榜样。有句话说得好："百善孝为先。"日后，你想自己的孩子怎样对待你，现在你就要怎样去对待自己的父母，这同样是培养孩子爱心的要点。

"爱别人，也被别人爱。为了爱，我们才存在。"

父母在家庭教育中要擅长发现孩子身上的闪光点，不失时机地对孩子进行爱心教育。父母要从点滴的小事做起，比如尊敬长辈、同情弱者等，这些都是有爱心的表现，对孩子良好的价值观、人生观的形成有好处。

父母要耐心讲解什么是爱,要让孩子懂得爱。

教育孩子要善待小动物,让他认识到生命的重要性。

给孩子爱的机会,让其体验付出的快乐。

生活中多注意表扬孩子的小小爱心,鼓励孩子的善行。

总 结

只要父母注意在日常生活中对孩子进行一点一滴的培养、一言一行的引导，播下爱的种子，随着孩子的成长，这颗种子就会在孩子心里生根发芽，长成"参天大树"。著名教育心理学家卢勤老师说："孩子的爱心是稚嫩的，你在乎它，它就会长大；你无视它，它就会枯萎；你打击它，它就会死去。"所以，想拥有一个富有爱心的孩子，那就要在生活中珍惜、发现、培育孩子的爱心。

培养孩子的勇气,让孩子有自信,更坚强

孩子在成长的过程中,可能会遇到各种各样的困难。但是,无论环境发生什么变化,无论他们遇到什么难题,父母都要鼓励孩子勇敢地去面对,用自信坚强的心态去迎接人生的挑战。这样孩子才能走出迷茫,走向成功,赢得美好的未来。

> 如果我们能把难题当作动力,那么难题就变成了一种看不见的力量。

父母要培养孩子勇敢的品质,必须注意运用正确的教育方法,经常鼓励、支持孩子参加各种有益的活动,不要随便指责、嘲笑、挖苦和恐吓孩子,以免孩子形成遇事胆小畏缩的心理。

父母鼓励的真正价值在于,当孩子遇到挫折的时候,父母能够及时给予温暖,并正确地引导孩子,给予孩子继续努力的动力。有了父母的鼓励,孩子就会越来越自信,越来越坚强。

一句温柔的鼓励能帮助孩子振作,一句随口的嘲笑会让孩子更自卑。

逢年过节，家里的亲戚总喜欢聚在一起吃饭，这时候孩子就难免成为众人打趣的对象，比如孩子的身高、长相、成绩等。大人可能觉得只是一个小小的玩笑，无伤大雅，但是却有可能在无形中伤害了孩子的自信心和自尊心，甚至导致孩子因此变得自卑。

> "不要有意无意地伤害孩子的自尊心，打击孩子的自信心。"

有些父母经常斥责自己孩子，这种做法对孩子的打击是最大的。例如，父母有时候会这样说："我看你什么事情都做不好！""你连这么简单的知识都不懂，真是没用，我都替你丢脸！"

我相信父母一定不会看不起自己的孩子，他们的初衷一定是想让孩子改正缺点，但是确实选错了方式。

第四章
父母这样说，孩子拥有好品格

父母应该善于发现孩子的闪光点，而不是拿孩子的缺点和其他孩子的长处作比较。

父母一定要多鼓励孩子，鼓励他的每一次进步。

父母可以鼓励孩子多参加演讲比赛等活动,培养登台的勇气,但前提是要尊重孩子的意见。

孩子遇到挫折时,父母要引导他以积极的心态去面对。

总　结

如果孩子目前胆小自卑，父母也不要太紧张，用心地训练孩子，孩子会变得勇敢起来。只要孩子有一颗勇敢的心，父母就不需要对孩子的将来有太多的担心。在人生旅途中，孩子一定能用勇敢的心去克服面临的各种困难，而且也能凭借自己的勇敢去赢取事业上的成功。

培养礼仪，让孩子讲礼貌，懂规矩

礼仪教育可以让孩子的言行举止都得体，培养良好的文明修养。而一个有教养的人在人际交往中往往比较受欢迎，在交往处事方面也会表现出色，并且良好的素质可以给他带来很多的发展机会。心理学家的研究也显示，那些懂得礼节、礼貌的孩子，其身心会更加健康，而且会关心他人。

与人接触的言行需要从小有人教，进而养成言语文明的习惯。

孩子懂礼貌是好家教的体现，这需要从孩子小时候就开始认真教育，从日常生活中的点滴入手，因为孩子的进步都是从点滴开始的。

父母应该在日常生活中注意自己的言行举止，成为孩子良好的榜样。例如，在与他人交往时，父母应该注重礼貌和谦虚，不要随意口出狂言或恶语，这样能够让孩子在模仿中逐渐领悟到什么是正确的言行方式。

有一些孩子天生调皮,但这并不代表孩子就是坏孩子。调皮捣蛋是孩子的天性,父母一定要做正向的引导,只有这样,孩子才会逐渐学会讲礼貌。

礼貌不仅体现家庭的教养水准,也会使自身在良好的人际互动中如沐春风。

父母应该注重对孩子的礼仪训练。例如,可以在家中制定一些家规家训,规定孩子在日常生活中如何与长辈、朋友交往,如何才能更好地维系人际关系。同时,还要注重对孩子的仪态训练,如让孩子做到坐姿端正、行走姿势正确等。在家庭聚会或重要场合中,父母还可以给孩子创造机会,让他们主动向长辈们问好,送上礼物等,这样能够让孩子在实践中展示良好的礼仪素养。

父母可以通过讲故事的方式来向孩子传授礼仪知识。

父母要从小给孩子制定礼仪方面的规矩。

父母应该多带孩子去做客，给孩子学习礼仪的机会。

父母要有耐心和信心，礼仪教育是一个长期的过程。

总 结

如果一个人在外面表现得没有规矩,没有教养,说明他的父母只养育了他的身体,没有规范他的行为。所以,只要看一个孩子的行为,就可以知道他的家庭和父母的教养。不管一个人在未来的社会活动中走得多远,也不管他的社会地位升到多高,他的基本行为规范、做人的品格仍然会显现出他的家风家教。

父母语言训练

培养孩子品行的 6 句话

01
父母的语言："诚实是做人的第一美德，我希望你拥有它。"
孩子的感受："爸爸妈妈最喜欢的是不说谎话的孩子。"

02
父母的语言："王阿姨今天夸你有礼貌，我非常高兴。"
孩子的感受："我一定要坚持做一个有礼貌的好孩子。"

03
父母的语言："你能帮助弱小，比考第一都让我开心。"
孩子的感受："品德比分数更重要。"

04
父母的语言："别人帮助了你，要由衷地感谢。"
孩子的感受："爸爸妈妈为我付出了太多，将来我要回报他们。"

05
父母的语言："遇到困难不要怕，勇敢面对才能战胜它。"
孩子的感受："有了爸爸妈妈的鼓励，我不会惧怕任何困难。"

06
父母的语言："尊重别人，别人才会尊重你。"
孩子的感受："我要尊重身边的每一个人。"

好好说话,培养孩子的生存和学习能力

第五章

培养社会能力，教孩子怎样与人相处

我们每一个人都要与外界发生各种各样的联系，在与他人联系的过程中，要学习他人的长处，学会情感交流。一般来说，能和他人融洽相处者的内心世界较为光明美好，也会更容易获得他人的帮助。所以，父母应该有意识地培养孩子与他人相处的能力。

> 父母要鼓励孩子多与别人交流，特别是与有思想、语言表达精练的人交流，久了自然会受到对方潜在的感染。

由于现在许多家庭都只有一个孩子，父母生怕孩子受到伤害，总是极力限制孩子与人接触，逐渐造成孩子的社交障碍。长此以往，孩子会逐渐脱离群体，不懂如何与人相处，不知道怎样跟他人讲话，甚至还会无法适应学校与社会的生活。这样，孩子往往会养成古怪、孤僻的性格。

孩子需要与个性不同的孩子交往,互相影响,取长补短,以弥补自己的不足。例如:内向的孩子需要交开朗的朋友,受到过分保护的孩子需要自主性较强的伙伴,胆怯的孩子需要和较勇敢或富于冒险精神的孩子在一起,等等。因此,父母应当鼓励孩子与人交往。

"每一个人都需要有人和他开诚布公地谈心。一个人尽管可以十分英勇,但他也可能十分孤独。"

父母应该多给孩子提供社交的条件。比如,多带孩子外出,可以让孩子接触到各种各样的人,让孩子主动与邻居、周围的人打招呼,给孩子一个适应的过程,长此以往,孩子就不会因为见到陌生人而感到害怕了。还可以让孩子以小主人的身份招待来客;去别人家做客时,也可多提供机会,让孩子说话。

与售货员的沟通可以锻炼孩子与人交际的能力。

通过让孩子当家做主来招待客人，可以锻炼孩子的社交能力。

让孩子学会与别人合作，告别单打独斗。

父母要鼓励孩子多交友，交益友。

总 结

交往态度直接影响孩子交往能力的发展。父母要给孩子一个充满爱的温暖家庭,与孩子经常一起游戏、娱乐,鼓励孩子多参与社交活动,在这种家庭中生活的孩子从小就会有一种喜欢与人交往的态度。而孩子在外遇到挫折和苦恼时,也会因有较强的交往能力而获得别人的理解和支持。

培养动手能力,让孩子拥有一双勤劳的手

有些父母过于宠爱孩子,什么都帮助孩子安排好,导致孩子独立意识差,劳动观念差,自理、自立能力差。在有的家庭中,生活中的一些事情,如打扫房间、叠被子、洗衣服、做饭、购物等,都由父母一手包办代替,孩子根本不予理会,甚至习以为常。

> **手脑双全,是创造教育的目的。中国教育革命的对策是使手脑联盟。**

孩子的动手能力最好从小培养。因为在孩子小的时候会有一段时间特别爱劳动,从洗自己的手帕到打扫家庭卫生,他们什么都想试一试。但是有些父母怕孩子劳累或信不过孩子,总会阻止孩子劳动,导致孩子什么都不会做。等到孩子长大后习惯了不劳动,父母就又该为孩子缺乏基本的生活动手能力而发愁了。

父母应在生活中有计划地安排孩子参加力所能及的自我服务活动和劳动。在日常生活中诸如吃饭、穿衣、游戏、收纳等环节，本着让孩子"自己的事自己做，不会的事情学着做"的原则，只要没有危险都应让他们去实践。

"我们不要荒废孩子双手上的智慧，要教给孩子一些实干巧干的方法和技能，这是孩子学会生存、学会独立的起点。"

父母应针对孩子的年龄特点，提出相应的做事要求。如 2~3 岁的孩子，让他用勺自己吃饭，初步学会穿脱衣服等；3~4 岁的孩子，可让他自己系鞋带、洗手、叠被褥等；5~6 岁的孩子，除了让他学会自理外，还可让他帮助父母干一些力所能及的家务活，如让孩子饭前摆放餐具、饭后帮助收拾饭桌，等等。

游戏法

让孩子在游戏中学到一些穿衣、整理玩具等基本技能。

比赛法

运用比赛的方式,让孩子对劳动产生兴趣。

通过记录来鼓励孩子参与生活劳动。

让孩子自己安排和负责自己的事情，促进孩子学会独立。

总 结

　　每个孩子都有不同于其他孩子的成长节奏，有着各自特有的成长速度及规律，家长要做的是让孩子依照自己的规律顺其自然地慢慢成长。父母除了提供必要的帮助以外，还应仔细观察孩子，了解孩子，不宜要求过高、过严，孩子自然会有不同于昨天的进步。孩子是一点一点变化，一天一天长大的，父母应该了解孩子的成长规律，才能有效施教。

培养理财能力,让孩子学会驾驭金钱

孩子的金钱观来自生活经历,得钱容易,花钱也就痛快。父母如果只是给钱,而不教孩子如何理财,孩子极易养成大手大脚花钱的坏毛病,甚至还会慢慢走到岔路上去。所以,父母应该帮助孩子正确认识金钱,养成计划用钱、理智消费、勤俭节约的优良品质,让他们学会如何理财。

> 不要把财富留给孩子,而是要把孩子变成财富。

对孩子的金钱教育要按照一定的顺序进行:3岁认识硬币和纸币,4岁知道钱币的面值,5岁知道硬币的等价物,6岁可以完成简单地找零,7岁会看价签,8岁可以自己购买一些简单的物品,9岁会制订一周的开支计划,10岁知道每周节约一点钱以备大宗开支所需。所以说,孩子花钱需要引导。

有些父母不惜代价满足孩子的要求，甚至给孩子盲目增加消费，其目的是为了使孩子高兴，但结果可能适得其反。把孩子的物欲填得太满了，实际上等于剥夺了孩子的快乐。孩子的物欲满足得太容易了，孩子就会失去许多意外的惊喜和欢悦。

" 奢侈会破坏人们的心灵纯质，因为不幸的是，你获得愈多，就愈贪心，并且确实总感到不满足。"

在给孩子零花钱方面，父母一定要有所节制。一般来说，零花钱的数额并没有一个定数，父母要根据孩子的日常消费来预估。这些开支大多包括买零食、午餐费、车费、购买学习必需品的费用。另外，父母还要给孩子一些额外的钱，也就是说，你给孩子的钱，要比预算宽裕一些，这样才能为孩子学会储蓄创造可能性。

要让孩子从小就认识钱的面值和价值，对金钱有基本的概念。

指导孩子了解什么是价格差，让孩子懂得把钱花在刀刃上。

鼓励孩子从小养成储蓄的好习惯。

督促孩子从小制订消费计划,做到量入为出。

总 结

父母给孩子发零花钱时,应该考虑到孩子可用它来买些什么。不同年龄段的孩子有不同的需求,但一张有代表性的"购物单"可以包括点心、礼物、玩具、游乐园的门票等。当孩子对你说:"我想要……"时,父母可以注视着他,并且问道:"你认为你买得起吗?"然后,具体决定由他自己来做吧。

专注力是孩子最重要的学习能力

注意力是智力结构中的一个重要组成部分,即一个人专心于某事物的能力。从学习和成长的角度来讲,注意力是吸收知识的窗口,古往今来的成才者,无一不是注意力很集中、精力十分投入的人。

> 天才,首先表现在注意力方面。

对于学龄前的孩子来讲,他们天性活泼好动,注意力不集中,做事不能坚持到底。父母如果不能有意识地把这种活泼的天性逐步导向专注的习惯,到上学时再想规范孩子的行为习惯就十分困难了。这会导致孩子上学后很难适应正规学习,表现为上课不专心,做作业不认真,最后严重影响学习成绩。因此,父母一定要从孩子小的时候就开始培养其专注力。

培养孩子的专注力,应该在学龄前就开始。这是因为学龄前的主要任务就在于通过一些学习活动为孩子的正规学习准备条件。良好的专注力是必备条件之一,能够提高孩子的学习效率。

" 专注力强的人,会专注于做喜欢的某件事,坚持下去就一定会有未来。"

孩子年龄越小,越容易受到环境的影响,也很容易因外界的刺激而分心。因此,在家里给孩子开辟一个专门的学习、认知空间很重要。家庭里,游戏区和学习区要有所区分。学习区最好是在一个单独的房间里,不要出现电子产品,并且布置尽量简单、整洁。这样一来,每当孩子走进这个房间,坐在书桌前,会直接进入一种学习状态,他的大脑活跃度、专注度会立刻提升到较高水平。

让孩子从小养成一次做好一件事的习惯。

孩子在做事时,尽量保持环境安静。

让孩子从小养成按时做某件事的习惯。

训练孩子带着目标去自觉集中注意力。

总 结

孩子的注意力很容易集中，但是也非常容易分散，所以父母要有意识地对孩子专注力的稳定性进行锻炼。让孩子的专注力更稳定，一定要注意一点，那就是学习的内容要符合孩子当前的心理发展水平，不要让孩子超前学习。因为不符合当前认知水平的知识点孩子也无法理解；也不能一直学过于简单的知识，孩子不会感兴趣，这两者都会分散孩子的注意力。

培养创造力，给孩子插上创新的翅膀

所谓创造力，通俗来说就是善于创造和创新的能力。这种能力在人的一生发展中具有极其重要的作用。创造力强的人勇于弃旧求新，不盲从，不轻信，善于创造性思考，能够发明创造崭新的成果。

> **教育不能创造什么，但它能启发儿童的创造力以从事创造工作。**

孩子的创造力不是凭空而来的，而是通过平时仔细观察周围的事物，先在脑海里留下对事物深刻的印象，再经过自己的思维活动，然后进行实践而获得的。任何心智健全的孩子都具有程度不等的创造潜力，这种潜力能不能被开发出来，关键在于教育。如果教育不得法，创造潜力就会被扼杀、被埋没。

在培养孩子创造力方面，家庭教育和学校教育一样重要。因为父母能根据自己孩子的特点，营造适当的环境，提供必要的条件，便于孩子发挥特长。尤其是学龄前的孩子，正处于最具有探索精神的阶段，如果与孩子朝夕相处的父母能够在这个关键期给孩子创造的勇气和机会，将非常有助于孩子创造力的发展。

"生活是一个创造的过程。每个人都应该了解自己创造力的来源，用自己的创造力去创造自己的生活。"

如果孩子对外面的世界一点儿也不了解、不熟悉，即使智商再高，也是很难具备创造力的。父母要根据孩子的年龄大小和生活环境，经常利用节假日带领孩子接触和探索各种新鲜事物。认识的事物越多，想象的基础就越广，就越有可能触发新的灵感，产生新的想法。

父母要经常利用节假日带孩子接触新鲜事物，开阔眼界。

父母要保护孩子的好奇心，激发孩子的求知欲。

引导孩子在游戏活动中培养创造力。

鼓励孩子展开想象,并给予其有益的启发。

总 结

父母的任务是使孩子的天真想象在他不断的努力探索中得到证实。无论孩子的想象多么幼稚可笑,父母也必须用心倾听。假如父母常把孩子的幻想或颇具独创性的想法看作根本不可能发生的事而加以批评,强迫孩子接受自己的判断,则会不知不觉地改变孩子的个性,扼杀其创造力。

帮孩子学会时间管理,提高学习效率

学习效率是决定学习成绩好坏的重要因素之一,学习效率低的孩子,付出与收获通常是不成正比的,有时候甚至严重失衡。造成学习效率低的原因很多,父母应找到问题的症结所在,对症下药。同时,父母要根据孩子的自身特点,教孩子学会时间管理,从而帮助孩子提高学习效率。

> 节约时间,也就是使一个人的有限生命更加有效,也即等于延长了人的生命。

一个人对待时间的态度往往就是他对待人生的态度,只有心中有理想,有远大目标,才会自觉去赢得时间。父母要针对孩子的年龄特点,帮助孩子树立学习目标,树立远大理想,并从多方面帮助孩子认识时间的重要性,如通过一些具体的事例或利用榜样对孩子进行珍惜时间的教育。树立榜样有利于提高孩子的认识,有助于增强孩子的意志,有助于孩子养成珍惜时间的习惯。

年龄比较小的孩子随意性很强,自我控制能力较差。他们常常一边吃饭,一边玩耍;一件事情还没有做完,心里又想着另一件事情;做事总是杂乱无章,缺乏条理。这时候,父母如果不加注意,就会让孩子养成拖拉的坏习惯,浪费宝贵的时间。

时间是公平的,它不会在乎你是谁、多努力、几岁、做过什么事,只要你知道怎么去规划自己的时间,学会合理利用时间,你才能成为更好的人。

时间对年龄比较小的孩子来说非常抽象,所以他们一般体会不到时间的重要性。但是,父母一定要坚持让孩子养成有规律的作息习惯。父母可以和孩子一起制订一张作息时间表,明确什么时间起床,洗漱要多长时间,吃早餐要多少时间,放学后先做什么,然后做什么,几点睡觉等,让孩子做出合理的安排。

只有把作息时间固定下来,孩子才能对时间有一个明确的认识。

父母要指导孩子学会劳逸结合,合理分配时间。

抓住黄金时间

引导孩子利用好学习效率最高的黄金时间。

巧妙利用

引导孩子学会有效利用零散时间,提高学习效率。

总 结

　　父母还要给孩子一定的自由支配时间,让孩子去做自己想做的事,注重培养孩子的学习兴趣和主动性。比如,有的父母要求孩子每天放松一小时。在这一小时内,孩子可以玩、听音乐、休息等,不管干什么,父母都不去干涉。等孩子情绪比较稳定,有了学习的兴趣和主动性时,就会愿意开始较长时间的学习,学习效果也会更加理想。

培养习惯，帮孩子掌握良好的学习方法

习惯是一种顽强而巨大的力量，它可以主宰人的一生。在学习中，良好的学习习惯会使孩子受益良多，是孩子学习成功的一大有力帮手。因此，父母应该重点培养孩子各种良好的学习习惯。从一定意义上来说，良好学习习惯的养成比学习成绩本身更为重要。

孩子成功教育从好习惯培养开始。

要培养孩子的学习好习惯，最重要的是让孩子能够自觉主动地学习。要想让孩子主动想学，首先要使他尝到学习成功的滋味。即使孩子的学习进步是微不足道的，父母也应该及时发现，及时表扬。孩子就会在这种愉快的氛围中愉快地学习，然后逐渐养成习惯。父母不能强迫孩子学习，逼得太紧的话，孩子会变得焦躁不耐烦，潜意识中产生反抗情绪，反而使情况变得更糟。

培养孩子的学习习惯，需要循序渐进。就像婴儿在断奶之后，先喂辅食，而后正常饮食，最后则由孩子自己拿着筷子吃饭。孩子自己能做的事，让孩子自己做，不要担心他做不好或动作慢而越俎代庖。父母应该依照孩子各阶段的体力与智力发展的不同情况，施以适当的援手，然后慢慢地减少帮助的程度。

"做功课的时候，不要让孩子依靠父母的帮助以解决困难，让他从经验中吸取教训。"

习惯的养成是需要时间的，必须一步一步慢慢地引导，慢慢地放手。比如，父母可以说："以后我每天陪你读书 30 分钟，别的时间你要自己做功课，我也可以利用这段时间做些别的事。"陪读的时间可以慢慢缩短，直到孩子最后不再需要陪伴也可以做功课为止。

独立完成

逐步让孩子能够独立完成作业，父母只做检查即可。

课前预习

预习的习惯能够帮孩子更好地掌握知识。

培养孩子上课认真听讲的好习惯。

培养孩子课后及时复习的好习惯。

总 结

在小学阶段，大多数孩子还不能养成良好的自我学习习惯。这时父母就要学会督促和引导，在辅导的过程中，应强调时间安排的先后性，什么时候该做作业了，什么时候要复习了，什么时候要整理错题了，等等。平时辅导时，自己也要专心，不可边玩手机或干其他不要紧的事，想想自己都三心二意了，还能要求孩子养成好的习惯吗？